Ce jour-là deviendrait spécial : Adrien et Mina ont rendez-vous avec des enfants d'autres pays venus pour apprendre la langue et la culture de notre pays.

—Je vais vous donner la première piste sur le personnage qu'on va étudier pendant ce mois : il s'agit d'un peintre universellement connu qui est né à Figueras. Il aimait beaucoup les montres, les fromages, le pain et les fourmis... Vous devinez ?

—Salvador Dalí ! —cria Adrien en levant la main et avec des yeux ronds comme des soucoupes.

—Oui, très bien ! C'est ça ! Dalí est un artiste très renommé parce qu'il avait des qualités qui le rendaient unique : du talent et de la créativité.

—Julie, que veux-tu dire ? Savait-il faire d'excellentes choses en plus d' inventer ce que personne ne pouvait imaginer ? —précisa Adrien.

—Justement, Adrien. C'est très bien résumé. Dalí était comme ça. Maintenant nous allons découvrir les détails les plus importants de sa vie. Écoutez-moi : Salvador Dalí i Domènech est né à Figueras le 11 mai 1904. Son père, qui s'appelait Salvador aussi, était notaire et Felipa, sa mère, était femme au foyer. De plus il avait une sœur qui s'appelait Anna Maria et qui était de quatre ans sa cadette. Un fait marqua beaucoup Dalí, celui de savoir qu'il s'appelait Salvador comme son frère aîné qui était décédé avant sa naissance.

»Malgré tout, Salvador était un enfant malin, agité et éveillé. Il aimait attirer l'attention et surprendre avec ses espiègleries. Petit, il voulait être 'cuisinière'. Pas cuisinier, mais cuisinière ! Ensuite, Napoléon, et un peu plus tard il décida qu'il voulait devenir un génie, ce qu'il réussit grâce à ses œuvres et à sa façon originale de montrer la réalité. Il adorait s'habiller en roi et faire semblant de l'être. Pour lui, commander était un jeu qui l'amusait beaucoup. Par contre, il avait une peur affreuse des sauterelles et quand ses camarades d'école voulaient l'effrayer, ils en mettaient quelques unes sur sa table. Alors, il commençait à crier, il criait beaucoup, mais comme il était très malin, savez-vous ce qu'il fit pour se délivrer de cette torture ?

—Non —dirent-ils tous en même temps.

—Eh bien, il eut aussi le talent de faire croire à ses camarades que la chose dont il avait la plus peur, c'étaient les cocottes en papier. Et quand ils le poursuivaient avec celles-ci, il poussait des cris en feignant d'être épouvanté. C'est comme ça qu'il ne trouva jamais plus de sauterelles sur sa table. Il aimait beaucoup jouer la comédie, il n'arrêtera jamais. Ce qu'on dit, c'est que dans le fond il était peut-être très timide.

»Il fut très tôt attiré par la peinture et le dessin : à l'age de six ans, il fit sa première peinture à l'huile. Il peignit des paysages de l'Ampourdan, comme par exemple le Cap de Creus ou les alentours de Cadaqués, mais aussi des portraits de sa famille.

—Mais qu'est-ce que ses parents en pensaient ? —demanda avec curiosité Mina.

—D'abord, son père croyait que se dédier à la peinture était du gaspillage de temps. Quand Dalí avait dix ans, il alla en vacances au Molí de la Torre, propriété de la famille Pichot. Là, il découvrira l'œuvre de Ramon Pichot et l'impressionnisme. Dès lors, le jeune Dalí découvre la passion pour la peinture. C'est pour cela qu'il avait l'habitude de regarder des choses à travers d'un bouchon qu'il gardait toujours dans sa poche. Il peignait les choses telles qu'il les regardait. Pour lui, c'était l'impressionnisme. Il peignait si bien que finalement son père lui donna la permission de suivre des études de peinture.

»À 18 ans il s'en alla à Madrid, à l'École de Beaux Arts de San Fernando. Il fera connaissance avec des camarades qui par la suite deviendront eux aussi très célèbres : Federico García Lorca, le poète, et Luis Buñuel, le réalisateur.

En même temps qu'il peignait, il apprenait beaucoup de choses, comme différentes manières de peindre : le cubisme, le futurisme, le fauvisme, mais il voulait en créer un nouveau, propre à lui. Il n'aimait pas suivre les normes de l'école et à cause de cela il eut beaucoup de problèmes avec les professeurs. Quand il avait 21 ans, il exposa ses peintures dans la galerie Dalmau, à Barcelone, et un an après il

voyagea à Paris, où il connut Picasso, un peintre très renommé pour son style très original qui le rendait capable de transformer la réalité en figures géométriques. On appelle ce mouvement le cubisme. C'est à Paris qu'il découvrit le surréalisme, un mouvement basé sur le monde des rêves et sur la créativité sans aucune intervention de la raison. À son retour à l'école de San Fernando, Dalí se fit renvoyer pour avoir dit aux professeurs qu'ils n'y connaissaient rien à la peinture. Alors, il rentra à Figueras et commença à peindre des images fantastiques nées de ses rêves et qui montraient un imaginaire très original. Il s'agissait de montres molles, de gens et d'objets appuyés sur des

béquilles, de corps humains avec des tiroirs, de roches bizarres, de plages infinies. Il aimait aussi beaucoup peindre des animaux différents qui avaient plusieurs significations, comme des mouches, des cygnes, des ânes, des girafes, des tigres, des abeilles, des fourmis, des homards... Il peignait des œufs, des pains et des fromages... Tout cela d'une façon jamais vue auparavant.

—Inventait-il les formes qui apparaissaient sur ses peintures ? —demanda Mina.

—Oui. Dalí se servait de ce qu'il avait vu dans ses rêves pour pouvoir créer ce monde plein d'images si originales.

—Et ensuite, que lui est-il arrivé ? —s'intéressa Adrien.

—Après, quand il eut 25 ans, il connut la femme de sa vie. Ce fut un jour à Cadaqués. Il la vit en se promenant sur la plage et il en tomba amoureux.

—C'était Gala. En fait, elle s'appelait Helena Ivanovna Diakonova. Elle était russe, comme moi —dit Nicolai—. En Russie toute le monde sait qui étaient Gala et Dalí.

—J'aime bien que tu participes, Nicolai. Et donc, après, sais-tu ce qu'il se passa ?

—Ils sont toujours restés ensemble.

—Exactement ! Gala restera toujours à ses cotés. Dalí l'appelait Gala, Galarina, Galuxka, Gradiva, Olive, Olivette,... et il lui offrit le château de Púbol. Gala faisait office de secrétaire, cuisinière, conductrice, conseillère,... elle était sa muse, elle était tout pour lui.

—Ils habitaient où ? À Figueras ? —dit Mina en se montrant très intéressée.

—Non, ils habitaient à Portlligat. Ils achetèrent une petite bicoque pour un peu plus d'un euro et, petit à petit, ils commencèrent à y ajouter les maisons des alentours jusqu'à bâtir une sorte de paradis dans lequel ils gardaient des objets très bizarres et curieux. Si vous en avez l'occasion, visitez le château de Púbol et la maison de Portlligat avec votre famille. Ce sont des lieux où vous pourrez très bien comprendre qui était Dalí. Mais ne perdons pas le fil de l'histoire... Pendant ce temps il commençait à être un peintre très reconnu pour ses œuvres surréalistes. Dans ses travaux se cachaient des rêves, des images doubles à plusieurs significations. Regardez par exemple cette peinture : elle s'appelle *L'Énigme sans fin*. Qu'y voyez-vous ?

—Il y a une plage, un chien, une mandoline, un arbre fruitier, une femme... —dit Mina.

—Très bien ! Vous voyez, elle a raison. L'œuvre est pleine d'éléments cachés. Maintenant regardez celui-ci. Il s'appelle *Cygnes reflétant des éléphants*. En raison d'un effet optique créé par Dalí, nous voyons les cygnes transformés en éléphants sur le reflet de l'eau.

—Oh ! —s'étonnèrent-ils.

—Toutes ces œuvres l'on rendu célèbre. C'est pour cela qu'il devint fameux dans le monde entier. Il voyagea en France, en Angleterre, en Italie, aux États-Unis, où il sera très apprécié. Pendant toute sa vie, il n'arrêtera jamais de peindre et d'effectuer des projets en collaboration. Il participa à la réalisation de sept films : avec Luis Buñuel, Walt Disney, Alfred Hitchcock, ou les frères Marx, mais aussi à des programmes de radio, télé et produit même trois disques.

Lorsqu'Adrien arriva chez lui, il raconta à ses parents tout ce qu'il venait d'apprendre.

–Papa, est-ce que tu savais que Dalí peignait ce qu'il rêvait ?

–Bien sûr ! C'était un véritable génie. En plus de peindre, il faisait beaucoup d'autres activités très créatives : il préparait des décors, écrivait des articles et des scénarios pour le cinéma, dessinait des costumes... Tiens, prends ce livre. Regarde, l'écouteur de ce téléphone est un homard !

Le père se mit à rire et poursuivit :

—Regarde ce canapé en forme de lèvres. Il a l'air d'être très confortable !

Cette nuit-là, Adrien lut un peu dans son lit avant de se coucher. Il s'endormit très tôt et, naturellement, il rêva des éléphants aux pattes d'araignée, des cornes des rhinocéros, des fourmis qui se promenaient sur des pains, des montres pendues aux branches…

Le lendemain matin à l'école, Julie leur montra une présentation numérique sur Dalí et ses œuvres les plus connues.

—Dalí aimait beaucoup la nourriture. On sait déjà qu'il voulait être 'cuisinière'. Justement, on trouve pas mal de nourriture dans ses peintures : des œufs au plat avec du pain pendus à un fil, des tranches de bacon, des homards, des oursins, des fromages…

Une surprise finale les étonna tous : ils iraient en excursion à Figueras pour visiter le Théâtre-musée Dalí.

—Hourra ! Hourra ! —s'exclamèrent les enfants en chœur.

La veille d'aller à Figueras, Adrien ne ferma pas l'œil de la nuit rien qu'à l'idée de penser à l'excursion. Il alluma son ordinateur pour chercher plus d' informations sur internet.

Le lendemain, ils arrivèrent à Figueras à l'heure de l'ouverture des portes du musée et ils regardaient émerveillés le bâtiment en attendant dans la rue.

—Regardez le grand rêve de Dalí : le Théâtre-musée Dalí ! —cria plein d'émotion Adrien. Et puis, il ajouta :

—Mais qu'est-ce qu'il y a, là-haut ? —montra-t-il du doigt—. Ce sont des œufs géants !

Et précisa Julie gaiement :

—Le Théâtre-musée Dalí fut bâti à l'endroit du théâtre municipal qui avait subi un incendie pendant la guerre civile d'Espagne. Il fut inauguré en 1974, c'est le joyau du surréalisme le plus important au monde. On y trouve plus de 1500 œuvres de Dalí : des peintures, des dessins, des sculptures, des hologrammes, des bijoux, des gravures... On y va ?

Un fois à l'intérieur du musée et situé dans l'ancienne parterre du théâtre municipal, ils contemplèrent la *Cadillac pluvieuse*, la Cadillac que Gala avait acheté aux États-Unis. Sur la pointe des pieds, ils en regardaient son intérieur, arrosé par la pluie qui tombait dans la voiture !

Mina porta son regard sur le bateau de Gala qui reposait sur un pile de 34 pneus de tracteur !

–Allons-y ! –dit Julia–. Maintenant on va monter sur la scène : au-dessous de la coupole en forme d'œil de mouche, nous tous, nous sommes des acteurs. Remarquez le mur d'en face. C'est une peinture dont la figure centrale représente le président des États-Unis, le président Lincoln. Si vous le regardez avec les yeux à demi-fermés ou même à travers l'objectif d'un appareil-photo, comme par enchantement vous verrez Gala qui nous tourne le dos.

Ils restèrent tous bouche bée. Puis elle ajouta :

–Accompagnez-moi, nous allons entrer dans la salle Mae West. J'offre un cadeau au premier qui découvre où se trouvent les toilettes !

Ils montèrent les escaliers en file indienne jusqu'à la bosse d'un très grand chameau. Depuis là-haut, ils observèrent comme ces deux peintures, la cheminée et les rideaux de la salle devenaient le visage de Mae West, la célèbre actrice américaine des années vingt.

–J'ai trouvé les toilettes ! Là-haut, au plafond ! –cria Mina.

En regardant là-haut, ils furent étonnés. Ensuite, ils montèrent au troisième étage du Théâtre-musée pour visiter la salle où se trouvent les chef-d'œuvres d'autres peintres acquis par Dalí mais qui contient aussi les propres œuvres de l'artiste. Puis ils entrèrent dans la Salle des Poissonneries : ils s'arrêtèrent pour y contempler l'*Autoportrait* de Dalí. Dans la Salle Palais du Vent ils purent s'asseoir par terre afin de mieux regarder la fresque peinte au plafond. C'étaient Gala et Dalí, ils flottaient dans les airs !

Julie commença à marcher en racontant :

—À côté, l'atelier de création. Savez-vous pourquoi c'était l'atelier de création de Dalí ?

—Non —rétorquèrent tous.

—Parce que la chambre à coucher est le lieu où l'on rêve. Les rêves sont l'inspiration de ses œuvres ! Mais celle-ci n'était pas sa vrai chambre. Peut-être voulait-il accorder de l'importance aux rêves.

Plus tard, ils s'en allèrent à la crypte, où repose le peintre. Ils étaient très émus de pouvoir être si proche du génie.

À la fin, quand ils étaient sur le point de monter dans le bus, la professeur voulut savoir si les élèves avaient aimé la visite.

—Alors, les enfants, ça vous a plu ?

—Oui, beaucoup !

—Il faut que vous sachiez que ce musée est très important mais l'on n'y trouve pas toutes les œuvres de Dalí. Voyons, quelqu'un peut-il me donner le nom des œuvres que l'on vient de voir à Figueras ?

—*Leda atomique, Galatea des sphères, Le chemin de l'énigme, Dalí de dos peignant Gala, La corbeille de pain*… énumérèrent-ils.

—Très bien ! Parfait ! Nous avons ici pas mal d'œuvres mais il en y a d'autres dans les musées les plus importants du monde.

Et s'adressant aux enfants venus d'autres pays, elle leur dit :

—Et vous ? Avez-vous aimé ?

—C'était très bien, surtout la Cadillac ! —fît Connor—. Dans mon pays, aux États-Unis il y a aussi un musée dédié à Dalí. Il se trouve à Saint-Pétersbourg.

—Saint-Pétersbourg est en Russie ! —dit en se moquant Nicolai.

—Oui, je sais qu'en Russie il y a une ville qui s'appelle comme ça. Mais dans l'état de Floride, aux États-Unis, il y a une ville qui s'appelle Saint-Pétersbourg. N'est-ce pas Julie ? —ajouta Mina en soutenant Connor.

—C'est vrai, Mina. Toi, Connor, es-tu jamais allé au musée de Dalí en Floride ?

—Oui, il y a beaucoup de peintures que nous avons étudiées à l'école —affirma-t-il très content.

—Le Musée Dalí de Saint-Pétersbourg a la collection la plus nombreuse et importante hors d'Espagne. Saviez-vous qu'on y trouve 96 peintures à l'huile et plus de 2000 objets daliniens ?

Les enfants restèrent bouche bée en écoutant les chiffres que leur donnait Julie.

—Parmi les œuvres les plus renommées de cette collection, on y trouve : *La Désintégration de la persistance de la mémoire*, *La Découverte des Amériques par Christophe Colomb*, *Œufs sur le plat sans le plat* et *Gala nue regardant la mer* (qui si on le regarde à une distance de 18 mètres, on peut voir le portrait d'Abraham Lincoln) parmi d'autres que nous avons vues en classe. De cette dernière œuvre il en existe deux versions différentes : l'une au Théâtre-musée de Figueras et l'autre au Musée Dalí à Saint-Pétersbourg. On y trouve aussi toutes sortes d'objets, des films... Il y a beaucoup de matériel de grande valeur culturelle et historique. Vraiment, Dalí fut un homme très actif jusqu'à la mort de Gala en 1982. Après ça, il eut le cœur brisé. Inconsolable, il s'en alla habiter au Château de Púbol et puis, peu après, il arrêta de peindre parce qu'il tomba malade et que sa main tremblait. Il décéda le 23 janvier 1989.

Bon, mes enfants, j'espère que vous vous êtes amusés avec le personnage de ce mois. Maintenant on va monter dans le bus parce que le retour est long !

Ainsi, ils rentrèrent chez eux pleins de rêves daliniens et ayant vécu une merveilleuse aventure artistique.

Adrien pensa que Dalí lui avait ouvert une petite boîte de créativité dans la tête qu'il ne connaissait pas auparavant. Il décida que à partir de ce jour-là, il prêterait attention à ses rêves. Il ne les laisserait pas s'échapper !